M

Por U

https://camps

CW00502254

Índice

Descargo de responsabilidad

Este libro biográfico es una obra de no ficción basada en la vida pública de una persona famosa. El autor ha utilizado información de dominio público para crear esta obra. Aunque el autor ha investigado a fondo el tema y ha intentado describirlo con precisión, no pretende ser un estudio exhaustivo del mismo. Las opiniones expresadas en este libro son exclusivamente las del autor y no reflejan necesariamente las de ninguna organización relacionada con el tema. Este libro no debe tomarse como un aval, asesoramiento jurídico o cualquier otra forma de consejo profesional. Este libro se ha escrito únicamente con fines de entretenimiento.

Introducción

El libro Moisés revela la enigmática vida y el perdurable
legado de la figura central venerada en el judaísmo, el
cristianismo, el islam y otras religiones abrahámicas.
Considerado el profeta supremo, Moisés desempeñó un
papel crucial como líder de los israelitas y venerado
legislador al que se atribuye la redacción de la Torá.

Nacido en una época de opresión, el viaje de Moisés se
desarrolla desde su milagroso rescate, siendo un bebé,
del decreto del Faraón de matar a los niños hebreos,
hasta su adopción por la familia real egipcia. Escapando
tras un altercado fatal, se encuentra con la divinidad en la
ardiente ruina del monte Horeb, preparando el escenario
para su misión de sacar a los israelitas de la esclavitud.

La narración abarca el Éxodo, en el que Moisés se
enfrenta al Faraón y conduce a su pueblo a través del Mar
Rojo hasta el monte Sinaí, donde recibe los Diez
Mandamientos. El libro profundiza en las complejidades
del carácter de Moisés, sus encuentros con Dios y los
retos del liderazgo durante sus 40 años de vagabundeo
por el desierto.

Aunque el Moisés bíblico sigue siendo objeto de debate
académico, esta exhaustiva exploración incorpora
perspectivas históricas, examinando referencias en la

antigua literatura egipcia y en los escritos de historiadores como Josefo Flavio. Este libro es un apasionante viaje a través de la vida de una figura icónica e influyente cuyo impacto resuena a través de los milenios.

Moisés

Moisés era para los judíos el *rav* por excelencia (*Moshé Rabbenu*, Moisés nuestro maestro), y tanto para judíos como para cristianos era el líder del pueblo judío según el relato bíblico del Éxodo; para los musulmanes, en cambio, Moisés era ante todo uno de los profetas del Islam cuya revelación original, sin embargo, se perdió.

El texto bíblico explica el nombre "Moisés" como una derivación de la raíz משה, que está conectada con el campo semántico de "sacar del agua", en Éxodo 2:10. En este versículo se sugiere que el nombre está relacionado con "sacar del agua" en sentido pasivo, Moisés sería "el que fue sacado del agua". Otros, distanciándose de esta tradición, derivan el nombre de la misma raíz, pero con un sentido activo: "el que saca", en el sentido de "salvador, libertador" (de hecho, en el texto masorético la palabra se vocaliza como participio activo, no pasivo). En la lengua egipcia, Moisés podía significar *niño* o incluso *hijo* o *descendiente*, como en los nombres propios *Thutmose* (*Dhwty-ms*), 'hijo de Toth', o *Ramose* (*R-ms-sw*), 'hijo de Ra'.

Según la tradición, Moisés nació de los israelitas Amram e Iochebed, escapó de la persecución a instancias del faraón, fue salvado por la hija de éste y educado en la corte egipcia. Huyó de ella a raíz de un asesinato cometido contra un capataz y se retiró a la tierra de Madián, donde se casó con Séfora, hija del sacerdote local. Según la Biblia, cerca del monte Horeb recibió la llamada de Dios y, de vuelta en Egipto, se enfrentó al faraón exigiéndole la liberación del pueblo de Israel de la esclavitud; el faraón sólo aceptó su propuesta tras las diez plagas de Egipto, la última de las cuales fue la muerte de los primogénitos egipcios. Tras acampar con su pueblo cerca de Yam Suf (Mar de las Cañas), Moisés, siguiendo instrucciones divinas, partió las aguas del mar, permitiendo así a su pueblo cruzarlo y sumergiendo finalmente al ejército faraónico que había corrido tras ellos. Tras un viaje de tres meses, el profeta llegó al monte Sinaí, donde recibió las Tablas de la Ley y castigó a su pueblo por adorar a un becerro de oro. Al llegar cerca de la tierra prometida, tras 40 años de dura marcha, Moisés murió en el monte Nebo antes de entrar en ella.

Se le considera una figura fundamental en el judaísmo, el cristianismo, el islam, el bahaísmo, el rastafarismo, el mormonismo y muchas otras religiones. Para los judíos es el mayor profeta que ha existido, para los cristianos el que recibió la ley divina, para el Islam uno de los mayores predecesores de Mahoma. Su historia se narra no sólo en las Sagradas Escrituras, sino también en el *Midrash*, en *De Vita Mosis* de Filón de Alejandría y en los textos de Josefo

Flavio. Moisés es venerado como santo por la Iglesia Católica, que lo conmemora el 4 de septiembre.

МОИСЕЙ.

СКУЛЬПТУРНАЯ ГРУППА РАУХА.

Descripción

Contexto histórico

Para los estudiosos, la figura de Moisés y el acontecimiento bíblico del Éxodo no poseen ningún significado histórico, sino que deben considerarse como una narración religiosa que integra diversos elementos, incluso de distintas épocas.

Aunque algunos autores antiguos -incluidos Josefo Flavio y Heródoto, partidarios de la *teoría del Éxodo* Antiguo- consideraron datar los episodios del Éxodo con la expulsión de los hicsos, los faraones semitas expulsados de Egipto por Ahmose (c. 1550-1525 a.C.).), los eruditos modernos tienden a datar el episodio en el Nuevo Reino egipcio, siendo la expulsión de los hicsos sólo un terminus *ante quem*, ya que este pueblo indoeuropeo habría introducido el carro de guerra, posteriormente utilizado también por los faraones del Nuevo Reino egipcio, y en particular en el siglo XIII a.C., es decir, entre los reinados de Ramsés II y su sucesor Merenptah. La epopeya judaica relacionada con estos acontecimientos habría sido puesta por escrito, según la teoría más acreditada sobre la formación de la Torá, en el primer periodo del reinado, siglo X a.C. (tradición jahvista), luego reelaborada en el Reino del Norte en el siglo VIII tras la división del reino (tradición elohista), hasta alcanzar su versión definitiva en el siglo VII a.c..C. por algunos sacerdotes del reino del Sur (tradición deuteronomista) en la época inmediatamente anterior a la deportación, bajo el reinado de Josías, con el fin de destacar sus características religiosas.

Fuentes bíblicas

Los libros del Pentateuco, también llamados *libros de Moisés,* ya que según los antiguos fueron escritos por él, tienen (a excepción del Génesis) al profeta como protagonista:

- El Libro del Éxodo, del griego *Exodus*, narra la opresión del pueblo israelita, la posterior persecución del faraón a los no nacidos, la concepción y salvación del recién nacido Moisés, criado por la hija del gobernante y que se convirtió en profeta siguiendo la llamada divina. Describe el enfrentamiento con el nuevo Faraón, las plagas de Egipto y el éxodo a través del mar, para concluir con la Ley en el monte Sinaí y las diversas normas de la vida comunitaria.

- El Levítico no narra episodios de la vida de Moisés, pero éste es el protagonista del libro; a él confía Dios las normas relativas a rituales, sacrificios y ceremonias diversas.

- El libro de los Números retoma el hilo de la historia interrumpido por el Levítico, describiendo la travesía de Israel por el desierto que lo separaba de la tierra prometida, partiendo del monte Sinaí hasta el umbral de Canaán, tras una estancia de cuarenta años en Kades.

- El Deuteronomio presenta tres discursos de Moisés, quien, antes de morir, recuerda al pueblo los acontecimientos pasados y reitera con nuevos acentos la Ley ya definida en el Éxodo. El libro termina con el relato de la sucesión de Josué y la muerte del profeta en el monte Nebo.

- Diversos pasajes posteriores, sobre todo en los Salmos, recuerdan al pueblo de Israel los prodigios ocurridos en tiempos de Moisés.

El Moisés bíblico

Nombre

Según los textos bíblicos, el nombre Moisés significaría *salvado de las aguas* en recuerdo de su milagroso hallazgo en el Nilo y de hecho el hebreo *Moisés* tiene una asonancia con el verbo que significa *sacar,* aunque la mayoría de los estudiosos siguen prefiriendo creer que el nombre deriva de la raíz egipcia *Moisés*, que significa *hijo de* o *engendrado por* como podemos ver en los egipcios Tutmosis (hijo de Thot) o Ramsés (hijo de Ra). De acuerdo con esta tesis y careciendo del nombre del padre Moisés significa simplemente *niño como* apelativo cariñoso de *hijo.*

- La interpretación clásica del Midrash identifica a Moisés como uno de los siete personajes bíblicos llamados con nombres diferentes. De hecho, los otros nombres de Moisés eran: Jekuthiel (por su madre), Heber (por su padre), Jered (por Miriam), Avi Zanoah (por Aarón), Avi Soco (por su nodriza), Shemaiah ben Nethanel (por el pueblo de Israel). Moisés también recibe los nombres de Toviah (como nombre de pila) y Levi (como apellido), Mechoqeiq (como legislador) y Ehl Gav Ish.

- El nombre egipcio *Moisés*, que significa, como ya se ha dicho, *hijo* o *protegido de,* fue dado al profeta por la hija del faraón cuando ella lo encontró a orillas del río. El nombre adoptó el significado de *sacar* sólo más tarde, cuando Moisés liberó al pueblo a través de las aguas del Mar Rojo. Josefo Flavio también menciona esta etimología.

- Algunos eruditos judíos de la Edad Media especularon con la posibilidad de que los autores de la Biblia tradujeran el nombre de Moisés de un término egipcio que significaba *sacar*.

- Según la tradición islámica, se dice que su nombre, Mūsā, deriva de dos palabras egipcias: *Mu*, que significa agua, y *sha*, que significa junco o árbol, debido a que su cesta estaba atascada entre los juncos cercanos a la casa del faraón.

Lazos familiares

De la tribu de Leví, Moisés era hijo de Amram y de su tía Yochebed, ambos de la misma casa; Yochebed se casó con su sobrino -siendo hija de Leví, hijo de Jacob-, aunque esta narración crea un anacronismo respecto a Moisés, que debería haber nacido, por tanto, unos cuarenta años después de la llegada de los hebreos a Egipto. Los hermanos de Moisés eran Aarón, tres años mayor, y

Miriam (o María), cuya edad desconocemos, aunque sabemos que es la mayor, por haber seguido a su hermano nonato cuando fue abandonado por su madre a orillas del Nilo.

En Madián, Moisés se casó con Séfora, hija del sacerdote Jetro, con quien tuvo dos hijos: Gersón (cuyo nombre significa *inmigrante*, ya que nació en tierra extranjera) y Eliezer. El libro de los Números menciona a una esposa etíope de Moisés, que algunos exegetas barajan la hipótesis de que fuera la propia Séfora, refiriendo el término hebreo kushita (es decir, etíope) también a una tribu de Madián, mientras que otros exegetas discrepan, considerándolos dos personajes distintos, también a la vista de las diversas tradiciones entrelazadas sobre la familia de Moisés y que se detallan a continuación. Josefo Flavio, heredero de la tradición hebrea, narra a este respecto el episodio de la guerra de Moisés, todavía capitán egipcio, en Etiopía, donde se casó con Tharbis, hermana del rey enemigo, estipulando así la paz con él.

El análisis de los lazos familiares de Moisés pone de manifiesto dificultades, dado el entrelazamiento de varias tradiciones bíblicas contradictorias; los estudiosos de la École biblique et archéologique française (los editores de la Biblia de Jerusalén) señalan que "los textos no se ponen de acuerdo sobre el nombre y la persona del suegro de Moisés. Tenemos aquí [Ex2,18] a Reuèl, sacerdote de

Madián; en 3,1; 4,18; 18,1 se le llama Jetro; Nm10,29
habla de Obab, hijo de Reuèl, el madianita; Jdc1,16; 4,11
de Obab el ceneo. [...] De hecho, las dos tradiciones sobre
un matrimonio ceneo y un matrimonio madianita son
competidoras y no hay que intentar conciliarlas. La
primera, originaria del sur de Palestina, refleja la
existencia de lazos amistosos entre Judá y los ceneos,
conservando el recuerdo del matrimonio de Moisés con
una extranjera. La segunda está más estrechamente
vinculada a la salida de Egipto" e incluso los estudiosos de
la interdenominacional TOB Bible opinan que "distintas
tradiciones dan al suegro de Moisés nombres diferentes,
sin intentar armonizarlas".

Formación sociocultural

Moisés, adoptado por la hija del faraón, pasó a formar
parte de la corte, donde sin duda fue educado en la
sabiduría de los egipcios, como también recoge Esteban
en los Hechos de los Apóstoles. El profeta conocía así en
detalle al futuro enemigo, sus costumbres y tradiciones, y
el Éxodo nos dice también que era un hombre muy
estimado en Egipto "a los ojos de los ministros, del Faraón
y del pueblo". Y a este respecto podemos recordar el
episodio ya mencionado de la guerra de Etiopía, en la que
Moisés se distinguió como un general capaz y valiente.

Escapado a Madián, conoció las costumbres de los
pueblos del desierto, las rutas de las caravanas y, según

algunos, en busca de agua potable, incluso una serie de fenómenos que le permitieron cruzar ileso las aguas del Mar Rojo.

Rasgos psicológicos

Muy complejo: poderoso e inquieto, manso y noble, entre lo legendario y lo real. Mircea Eliade dirá que "su biografía y los rasgos de su personalidad se nos escapan por completo. Por el simple hecho de haberse convertido en una figura carismática y legendaria, su vida se ajusta al modelo de tantos héroes".

Moisés es presentado desde los primeros capítulos como un hombre valiente, decidido a defender a los más débiles: primero se enfrenta a un capataz egipcio para salvar a un esclavo, y después a un grupo de pastores que persiguen a unas jóvenes desde un pozo. A pesar de ser presentado como una figura heroica, Moisés no escapa a los momentos de miedo, se cubre el rostro ante la zarza ardiente "porque tenía miedo", huye cuando el cayado se convierte en serpiente, incluso intenta evitar volver a Egipto y encontrarse con el Faraón porque es "torpe de boca y de lengua", rechaza la propuesta divina y llega a decir "¡Perdóname Señor mío, envía a quien quieras enviar!".

Sin embargo, de vuelta en Egipto, Moisés demuestra un gran valor en la corte del faraón, desafiando abiertamente al gobernante y enfureciéndose con él por su obstinación. El profeta infunde valor a los israelitas durante la travesía del Mar Rojo y durante el vagabundeo por el desierto, actuando como portavoz entre el hombre y Dios, pidiendo a éste alimentos y agua para su pueblo. Es un hombre *manso*, paciente con su pueblo, aunque no exento de fuertes momentos de ira, como cuando castigó a los israelitas tras la adoración del becerro de oro.

En la Biblia se le presenta como un líder ejemplar, severo con un pueblo *duro*, dispuesto a castigar y a perdonar, una figura que quedó grabada en el corazón de los israelitas por su particular carisma, hasta el punto de que aún le recordaban después de siglos como un hombre de extraordinarias capacidades *ningún profeta como Moisés volvió a surgir en Israel*.

Biografía

Nacimiento y juventud

Nacido de Yochébed y Amram, el niño Moisés fue
escondido en un cesto por su madre cuando sólo tenía
tres meses, y depositado a orillas del Nilo para ser salvado
de la persecución deseada por el Faraón. Porque el
Faraón había dicho a su pueblo: 'He aquí que el pueblo de
los hijos de Israel es más numeroso y más fuerte que
nosotros. Tomemos medidas contra él para impedir que
aumente, de lo contrario, en caso de guerra, se unirá a
nuestros adversarios, luchará contra nosotros y luego
abandonará el país'. Entonces impuso a los judíos trabajos
forzados para oprimirlos. Pero el pueblo hebreo seguía
aumentando, así que el rey de Egipto ordenó a las
parteras de los hebreos que mataran a los hijos varones
de los hebreos, pero las parteras no lo hicieron. Así que el
faraón dio esta orden a todo su pueblo: "Todo hijo varón
que nazca de los hebreos, lo arrojaréis al Nilo, pero
dejaréis vivir a toda hija". De las aguas del Nilo, Moisés
fue recogido por la hija del gobernante que, conmovida
por los llantos del bebé, decidió adoptarlo como hijo,
confiándolo, por invitación de Miriam, la hermana del
infante, a su madre biológica para que lo alimentara.

El tema del nacimiento de Moisés, también según los eruditos cristianos, figura entre las "narraciones de la infancia de hombres famosos", tanto reales como mitológicas, es decir, "historias de nacimiento y juventud que se configuraron retrospectivamente después de que los sujetos se hubieran hecho famosos". La Biblia TOB destaca a este respecto: "la epopeya que se contaba en Oriente sobre Sargón de Acad, el gran conquistador mesopotámico del siglo XXV a.C.", que también fue parido en secreto por su madre y abandonado en el río en un cesto de cañas, subrayando además que "este relato se seguía reconstruyendo en Egipto poco antes de la época del Éxodo. Si pudo servir de marco a la tradición relativa a Moisés, es porque se quiso poner al libertador de Israel a la altura de las grandes figuras de la historia". Concordantemente, el "Nuevo Gran Comentario Bíblico" recuerda también la epopeya de Sargón de Akkad y subraya otra narración anterior a la mosaica: "un mito egipcio dice que la diosa Isis escondió a su hijo recién nacido Horus en un arbusto de papiro del delta para salvarlo de la muerte amenazada por Seth"; Rudolf Bultmann también cree que hay tradiciones comunes más antiguas tras las narraciones de la matanza de los primogénitos hebreos en la historia de Moisés y la matanza de los inocentes ordenada por Herodes tras el nacimiento de Jesús.

Criado en la corte egipcia y educado en su cultura (como le ocurriría más tarde a Daniel en Nabucodonosor, en Babilonia), Moisés fue un día al patio de los israelitas donde, defendiendo a un esclavo, mató al capataz que lo golpeaba sin ser visto pero, al ocultar su cadáver en la arena, descubrió que el asesinato se había conocido cuando intentó detener una pelea entre dos esclavos. Buscado por el faraón, abandonó Egipto y huyó por el desierto hasta la tierra de Madián.

Exilio en Madián

Al detenerse junto a un pozo, Moisés se encontró con las siete hijas de Jetro, sacerdote de Madián, y las defendió del asalto de unos pastores prepotentes. Las jóvenes, agradecidas a su defensor, le presentaron a su padre, que le invitó a quedarse con ellas. En Madián, Moisés se hizo pastor al servicio del sacerdote y se casó con una de sus hijas, Séfora (o Séfora), de la que tuvo dos hijos: Gersón y Eliezer.

Mientras conducía sus rebaños a los pastos del monte Horeb, Moisés se sintió atraído por el maravilloso milagro de una zarza que ardía pero no se consumía; de ella salió una voz que le ordenó quitarse las sandalias porque pisaba tierra sagrada, revelándose a continuación como el Dios de los patriarcas de Israel que, habiendo escuchado el clamor de los esclavos, había decidido liberarlos y conducirlos a una tierra "donde mana leche y miel".

Moisés, al recibir la orden de ser el líder de los israelitas, primero rechazó el encargo por miedo, preguntándose cuál era el nombre de Dios y cómo podría convencer a su pueblo de que él mismo le había enviado para redimirles.

"Yo soy el que soy" fue la respuesta de la zarza, que también indicó al profeta las señales que se darían a los israelitas: su bastón se convirtió en serpiente, su mano se volvió leprosa, el agua se convirtió en sangre. Atormentado por la angustia, Moisés respondió que era incapaz de hablar en presencia del faraón porque era torpe; por ello, Dios declaró que su hermano Aarón debía asistirle y hablar por él en los momentos difíciles.

De regreso de Jetro, Moisés contó lo sucedido y pidió permiso para partir con su mujer y su hijo hacia Egipto, mientras que, según otra tradición, partió solo. Sin embargo, un curioso incidente perturbó su viaje: "en el lugar donde pernoctó" le sobrevino un mal que puso en peligro su vida, señal de una sanción celestial. La razón que se desprende es el hecho de que había retrasado, para su hijo y quizá también para sí mismo, el rito de la circuncisión, signo físico de la Alianza estipulada por Dios con la raza de Abraham. Tal vez Moisés, convertido en yerno del sacerdote madianita, se había conformado simplemente con la costumbre madianita según la cual, al igual que entre otros pueblos vecinos, esta práctica servía de rito de iniciación que marcaba la entrada en la edad nupcial y, por tanto, estaba reservada a los jóvenes que habían alcanzado el umbral de la edad adulta y no a los niños de ocho días.La inclusión de este acontecimiento poco claro en la narración invoca sin duda la estricta observancia de las costumbres en uso en Israel en el momento de la redacción final del texto sagrado, llevada a cabo en un entorno sacerdotal y luego escrupulosamente adoptada. La amenaza retrocede inmediatamente en cuanto se restablece el orden: fue la propia Séfora quien practicó la operación ritual a Gersón y más tarde colocó el prepucio de su hijo en el pene de Moisés, simulando la circuncisión para salvarlo de la ira divina.

El antiguo proscriptor regresó así a Egipto. Aarón, inspirado a tal fin, fue a su encuentro en el desierto y recibió instrucciones divinas sobre su papel de coadjutor.

Regreso a Egipto

Tras reunir a los ancianos de Israel, Moisés les mostró las maravillas del Señor y les anunció su intención de ir a ver al faraón para pedir la liberación de su pueblo. Acudió con su hermano a la presencia del soberano y le pidió permiso para retirarse al desierto durante tres días con los esclavos para sacrificar a su Dios y honrarle. El Faraón, en respuesta a su petición, ordenó a sus capataces que duplicaran el trabajo de los israelitas haciéndoles recoger paja para fabricar ladrillos, que hasta hacía poco les habían dado los propios egipcios.

Oprimidos por el aumento de la carga, los israelitas fueron incapaces de completar el trabajo, por lo que sus escribas fueron azotados y golpeados; habiendo recibido el castigo y no habiendo obtenido del Faraón la gracia de una rebaja, reprendieron amargamente a Moisés y Aarón que habían causado todo esto.

Los levitas, ante la invitación divina, fueron de nuevo a la corte y mostraron en presencia del faraón y de sus ministros el prodigio del bastón convertido en serpiente. Éste, poco asombrado por el suceso, ordenó a sus magos que hicieran lo mismo, y así sucedió, salvo que el bastón de los israelitas devoró al de los hechiceros egipcios.

Libertador del pueblo de Israel

Moisés fue de nuevo a ver al Faraón cuando aún era de día y éste descansaba junto al río Nilo. Moisés pidió la liberación de su pueblo, pero Dios había "endurecido el corazón del Faraón" -para que insistiera en no dejar marchar a los israelitas y poder así azotar Egipto con plagas- y el gobernante se negó; entonces Aarón golpeó con su bastón las aguas del río, que se convirtieron en sangre: los peces murieron y el Nilo se volvió tan fétido que los egipcios ya no pudieron sacar agua de él. Sin embargo, los magos del faraón consiguieron realizar el mismo milagro y el soberano regresó a su palacio sin escuchar a Moisés. Los egipcios cavaron pozos alrededor del Nilo para sacar agua para beber; la sequía duró siete días.

Por eso Aarón golpeó con su bastón los ríos, canales y estanques de Egipto, y de ellos empezaron a salir ranas en número infinito, que se derramaron sobre las casas del faraón y de sus súbditos. Los magos consiguieron realizar el mismo prodigio. El gobernante, atemorizado, pidió a Moisés que hiciera cesar esta plaga, pero en cuanto la evitó, persistió y no hizo caso de las palabras del profeta.

Por orden del Señor, Aarón golpeó el polvo y éste se convirtió en mosquitos que infestaron toda la tierra de Egipto. Los magos no tuvieron éxito esta vez, y ellos mismos pidieron misericordia al faraón al reconocer la mano de Dios en estos prodigios. Sin embargo, el gobernante, cuyo corazón seguía "endurecido" por el Señor, se mantuvo firme en sus convicciones. El Señor envió entonces contra los egipcios una hueste de moscas que invadió sus moradas. El Faraón, aterrorizado por este suceso, pidió perdón a Moisés y Aarón y les ordenó que sacrificaran en honor de Dios. Los dos, sin embargo, se negaron porque durante sus celebraciones se habrían matado algunos animales sagrados para los egipcios. El faraón les permitió salir de Egipto durante tres días. En cuanto desaparecieron las moscas, el tirano ordenó a sus soldados que volvieran a esclavizar a los israelitas.

Ante esta enésima negativa, una plaga mató todo el ganado de los egipcios. El ganado de los israelitas, sin embargo, sobrevivió. Aarón y Moisés volvieron a Faraón llevando hollín de horno en las manos. Ante los ojos del soberano lo arrojaron al aire y produjo úlceras purulentas en los egipcios y su ganado. Los magos esta vez ni siquiera pudieron presentarse ante el faraón.

El granizo cayó sobre Egipto, arrancando árboles y plantas, golpeando a los egipcios y a su ganado. Una vez más, el faraón se arrepintió de su comportamiento, pero en cuanto se evitó la plaga, siguió golpeando a los esclavos israelitas. El lino y la cebada habían sido destruidos por el granizo, pero el trigo y la espelta seguían intactos.

Moisés y Aarón acudieron de nuevo al faraón, pero éste no quiso escucharles. Entonces revelaron las órdenes del Señor: enviaría, con un fuerte viento del este, una hueste de langostas que devoraría lo que el granizo no hubiera destruido. El faraón, asustado, les ordenó que se marcharan, dejando a las mujeres y a los niños en Egipto, pero Moisés no consintió y por ello fue expulsado del palacio real. Al día siguiente, las langostas destruyeron todas las cosechas.

Entonces Moisés extendió su cayado hacia el cielo y, durante tres días, la tierra de Egipto se oscureció y la oscuridad era tan densa que nadie podía moverse. El faraón convocó a Moisés y Aarón y les ordenó que se marcharan, pero dejó su ganado en Egipto. Los dos profetas no consintieron y el gobernante, cuyo corazón había sido una vez más "endurecido" por el Señor, echó a Moisés, amenazando con matarlo.

Finalmente, el Señor ordenó a los dos levitas que se prepararan para un largo viaje, ya que enviaría una última plaga que obligaría al faraón a liberarlos. También ordenó conmemorar ese día durante siglos a través de la fiesta de Pésaj

En cuanto el ángel de la muerte hubiera descendido sobre la tierra de Egipto y hubiera visto aquella sangre de cordero, habría pasado de largo, reconociendo en ella una casa israelita. Los judíos se reunieron en sus casas para celebrar la fiesta de la liberación. En sus mesas había carne de cordero, pan de *apuro* sin levadura y hierbas amargas, símbolo del sufrimiento de la esclavitud. Mientras cenaban, a medianoche cayó la plaga sobre los egipcios. Murieron todos los primogénitos, desde el primogénito del faraón hasta el primogénito de cada uno de sus siervos. El soberano, afligido por la muerte de su hijo, ordenó a los hebreos que se marcharan y, para acelerar su partida, les proporcionó oro y plata.

Al salir de Pi-Ramsés, los israelitas se llevaron los restos de José para poder descansar en la tierra prometida, como se le había prometido al patriarca antes de su muerte. Moisés, siguiendo instrucciones divinas, decidió no tomar la ruta más corta, llamada *de los filisteos*, porque estaba bordeada de fuertes egipcios. Siguió por la ruta del desierto, hacia el Mar de las Cañas (tradicionalmente y quizás erróneamente identificado con el Mar Rojo). Según el libro del Éxodo, Dios guió a su pueblo, de día como una columna de nube, de noche como una columna de fuego, para iluminar su paso.

Mientras tanto, el faraón lamentaba haber dejado marchar a los israelitas, al igual que sus ministros. Por tanto, hizo preparar su carro, se armó y reunió a sus soldados. Tomó seiscientos carros de guerra de entre los mejores con el tercer hombre en cada uno de ellos y alcanzó a los israelitas mientras acampaban junto al mar. El profeta, animando a su pueblo, pidió ayuda al Señor y en ese mismo momento la columna de fuego, que guiaba a los israelitas, se interpuso entre ellos y los egipcios, deteniendo así la carga de estos últimos.

Moisés extendió entonces su cayado sobre el mar y, en lo que quizá sea uno de los relatos legendarios más famosos de la Biblia, las aguas se separaron, formando un muro a derecha e izquierda, con tierra seca en medio. Los israelitas pudieron así cruzar el mar y llegar a la otra orilla, mientras los egipcios los perseguían en sus carros, acabando sumergidos cuando ya estaban a salvo. No hubo supervivientes entre los egipcios. Según la tradición islámica, el Faraón, antes de que las aguas lo sumergieran, dijo a Moisés que creía en Dios, pero no se salvó porque sus palabras no eran sinceras.

Del Mar Rojo al Monte Sinaí

Cerca del desierto de Sur, tras un viaje de tres días, Moisés ordenó acampar cerca de la ciudad de Mara, ya que se había agotado el suministro de agua, pero allí no era posible sacar agua, pues era amarga para beber. Moisés, por orden divina, arrojó un arbusto milagroso sobre la superficie del lago que hizo potables sus aguas.

El pueblo, ya cansado por el duro viaje, se quejó a Moisés de que incluso se les habían acabado los víveres. El Señor, compadecido de los israelitas, ordenó al profeta que les anunciara que pronto encontrarían algo que comer. Esa misma noche, una bandada de codornices, empujada por un fuerte viento, se detuvo junto al campamento, convirtiéndose en presa fácil para los israelitas, que a la mañana siguiente, en cambio, encontraron esparcidos por el campamento pequeños granos de una extraña sustancia resinosa, con sabor a *bollos melosos*. Moisés llamó a ese alimento, Man hu, que significa *¿qué es?* También ordenó a los israelitas que lo recogieran en cántaros, cada familia según sus necesidades; todos los días debían recoger ese alimento, sólo el sexto día debían tomar el doble, pues el sábado era día de descanso y estaba prohibido trabajar. Los que, temiendo no recibir lo prometido, recogían más comida de la necesaria para alimentarse durante un día, encontraban gusanos en ella.

Del mismo modo... en cuanto se agotó el suministro de agua, el Señor ordenó a Moisés en la localidad de Refidim que fuera a una montaña y ordenara a la roca que brotara. Moisés, sin embargo, golpeó la roca dos veces con su bastón. En cuanto la roca fue golpeada por la vara del profeta, brotó de ella toda el agua necesaria para los israelitas.Aquel lugar recibió los nombres de Massa y Meriba, que significan *prueba* y *protesta*.

Mientras aún acampaban allí, los israelitas fueron atacados por los amalecitas, una población beduina del sur de Canaán. Por ello, Moisés encargó a Josué, su futuro sucesor, que organizara la defensa mientras él subía a una colina cercana con Aarón y Coré para observar la lucha desde lo alto. Cada vez que Moisés oraba, levantando los brazos y sosteniendo su bastón apuntando hacia el cielo, Israel ganaba, mientras que cuando lo bajaba, perdía. La lucha se prolongó y el profeta apenas pudo mantener los brazos en alto con la ayuda de Aarón y Coré, lo que permitió a Josué ganar la batalla y derrotar a Amalec.

Los israelitas llegaron finalmente, después de tres meses de marcha, al pie del monte Sinaí, donde acamparon. En esos días, Jetro, suegro de Moisés, partió para reunirse con él. Entre las actividades que Moisés realizaba a diario, la más exigente era, sin duda, la de juez y consejero; se sentaba en medio del pueblo y quien tenía preguntas que hacer, se dirigía a él, que juzgaba las disputas y escuchaba los problemas de su pueblo. Esta actividad, sin embargo, era muy fatigosa, y Jetro pronto se dio cuenta de que una sola persona no podría ocuparse de una tarea tan pesada durante mucho tiempo, por lo que aconsejó a su yerno que eligiera hombres sabios y honrados y los pusiera al frente de grupos de cien, diez, mil personas, de modo que el pueblo encontrara rápidamente a alguien a quien consultar en sus momentos de necesidad y Moisés tuviera más tiempo para ocuparse de asuntos más importantes.

El legislador

Por orden divina, Moisés ascendió a las laderas del monte Sinaí y recibió la orden de preparar al pueblo, pues el Señor quería mostrarse a ellos y comunicarles su voluntad. Después de tres días de purificación, los israelitas vieron descender truenos y relámpagos sobre la montaña, que se convirtió en *un horno*. Asustados, retrocedieron y sólo Moisés avanzó y recibió de Dios la ley de los Diez Mandamientos:

Aterrorizados, los israelitas rogaron a Moisés que subiera a la montaña, pues temían morir de miedo. El profeta obedeció y subió a la nube, escalando las laderas del

Sinaí, donde permaneció cuarenta días y cuarenta noches, acompañado únicamente por Josué, su fiel colaborador, que le seguía desde lejos. Allí recibió la ley, escrita en dos tablas de piedra por el *dedo de Dios* o, según otra tradición bíblica, escrita por el propio Moisés.

Mientras tanto, en el valle, el pueblo de Israel, creyendo que Moisés había muerto, imploró a Aarón, que había tomado el relevo en ausencia de su hermano, que les construyera un ídolo para que les condujera a la Tierra Prometida. Así se forjó un becerro de oro al que los israelitas sacrificaban y en torno al cual se regocijaban. Al bajar de la montaña, el profeta montó en cólera, destruyó el ídolo y reprendió amargamente a Aarón, que *les había quitado todo freno,* ordenando a los que le habían permanecido fieles que mataran a todos los que se habían rebelado. Según el libro del Éxodo, aquel día cayeron unos tres mil hombres.

Del Sinaí al desierto de Parán

Siguiendo las prescripciones que había recibido en el Sinaí, Moisés convocó a los principales artistas del pueblo de Israel y les ordenó construir una tienda, llamada la *Morada*, en la que guardar las tablas de la ley, depositadas en la famosa *arca de la alianza*, y realizar sacrificios y prácticas rituales de la mano del sacerdocio, encabezado por Aarón y sus hijos, así como por toda la tribu de Leví, encargados de la supervisión y cuidado de la Morada.

Después de dos años en las laderas del Sinaí, Moisés, tras completar el censo de todo el pueblo, condujo a los israelitas a través del desierto hasta la tierra de Canaán. Tras una marcha de tres días, los hizo acampar cerca de la ciudad de Tabera, donde un grave incendio diezmó a los israelitas, que se rebelaron contra su líder. El abatido líder se retiró a la morada y rezó a Dios, pidiendo morir para no oír el lamento de su pueblo, que ahora le acusaba de haberles dejado morir de hambre, llenos de maná pero faltos de carne. Por orden divina, Moisés eligió a setenta ancianos de Israel para que le apoyaran en su ardua tarea. Al atardecer, el campamento fue invadido de nuevo por codornices, tan numerosas que "salían de sus narices y las llevaban". A las más codiciosas las mató un mal misterioso, signo de la ira divina.

Una vez resuelta la cuestión, Moisés tuvo que enfrentarse a una nueva rebelión, esta vez organizada por miembros de su propia familia: Miriam y Aarón. Ambos desafiaron la autoridad de su hermano, considerándose profetas como él y acusándole de tener una esposa extraña al pueblo de Israel. Castigada por su rebelión, Miriam enfermó de lepra y tuvo que huir del campamento durante una semana, como exigían las leyes rituales.

Tras curarla de su enfermedad, Moisés reanudó su viaje y acampó con sus hombres en el desierto de Parán, cerca de la tierra prometida. Desde allí envió a doce hombres, representantes de cada tribu, a explorar. Entre ellos estaba Josué, el futuro sucesor de Moisés. Este último, a su regreso, fue el único, junto con Caleb, otro explorador, que consideró que la tierra prometida era conquistable, a diferencia de sus compañeros que la creían impenetrable, provocando así una rebelión contra Moisés para volver a Egipto. El profeta consiguió por los pelos aplacar la ira de Dios, que quería destruir a todo el pueblo, que sin embargo fue castigado con el decreto de que no podría entrar en la tierra prometida hasta que hubieran pasado 40 años, para que la generación que se había rebelado muriera y sus descendientes entraran en ella como hombres libres.

Los cuarenta años pasados en el desierto

Perseguidos y asesinados por los habitantes de Canaán, los israelitas se refugiaron en el desierto, donde Coré, Datán y Abiram, al frente de 200 hombres, se sublevaron contra Moisés y Aarón, acusándoles de querer situarse por encima de los demás miembros de la comunidad. En particular, se oponían a la investidura sacerdotal de Aarón, porque según los tres líderes conspiradores, todo el pueblo de Israel era santo.

Para resolver el asunto, Moisés les ordenó presentarse, acompañados de sus incensarios, ante la Morada. Cuando todos estuvieron allí, Moisés los desafió a ofrecer incienso como sacrificio, una acción ritual reservada exclusivamente a Aarón y sus hijos.

En presencia del pueblo de Israel, el cayado de Aarón floreció milagrosamente, señal de que Dios aprobaba su elección al sacerdocio, rechazando la de los conspiradores, cuyos incensarios fueron fundidos y utilizados para cubrir el altar de los sacrificios.

Llegados a Cadés, los israelitas rindieron honras fúnebres a Miriam, que fue enterrada allí. Allí el pueblo se quejó también a Moisés y Aarón de la falta de agua. Los dos profetas se dirigieron a la morada y pidieron consejo al Señor, ordenándoles que golpearan una roca con su bastón, como ya habían hecho en Refaidim. Moisés y Aarón hicieron lo que se les había ordenado, pero al principio no salió agua de la piedra. Intimidados por este fracaso, repitieron la acción y tuvieron éxito. Habiendo dudado de Dios, ambos fueron castigados: nunca pisarían la tierra prometida.

Tras 38 años de espera, los israelitas partieron de nuevo y, al tener que atravesar las fronteras del reino de Edom, pidieron al gobernante local que les dejara pasar. El gobernante local no accedió y envió a sus hombres a exterminarlos, obligando así a Moisés y a sus hombres a huir y a establecerse temporalmente en las laderas del monte Cor. Allí Moisés despojó a Aarón de sus vestiduras sacerdotales porque, al estar próximo a la muerte, según el ritual, las habría profanado, tras lo cual nombró a su sobrino Eleazar, hijo de Aarón, nuevo sumo sacerdote. Este último murió en la cima de la montaña y fue enterrado allí.

Tras una feroz batalla con el rey cananeo Arad, que fue derrotado con todas sus tropas, los israelitas se rebelaron de nuevo contra Moisés, por lo que fueron invadidos por una miríada de serpientes venenosas que atacaron a los conspiradores, matándolos. El pueblo se arrepintió de su comportamiento y pidió perdón a Moisés quien, ante la invitación divina, fabricó una serpiente de bronce, la colocó en un asta y todos los que la miraban quedaban curados.

Una vez desmantelado el campamento, los israelitas fueron atacados por el rey de los amorreos, Sicón, que fue derrotado y muerto, como más tarde lo fue también el gigante Og, rey de Basán: sus ciudades fueron destruidas y los territorios conquistados. Salvados de la guerra con el rey de Moab, Balac, los israelitas acamparon cerca de su reino y allí fueron atraídos por las mujeres del lugar, que los llevaron a la idolatría. Moisés ordenó que fueran castigados de inmediato, y Pincas -sobrino de Aarón- mató, atravesándoles el bajo vientre con una lanza, a una pareja formada por un madianita y una hebrea, y con este acto obtuvo el sacerdocio eterno para el linaje de Aarón; el Señor detuvo entonces el azote, que había provocado la muerte de 24.000 israelitas. Estos acontecimientos condujeron a la guerra y al exterminio de los madianitas, aunque este suceso no se considera histórico; según la narración bíblica, los israelitas masacraron a todos los madianitas pero perdonaron a las mujeres y a los niños, lo que enfureció a Moisés, que ordenó matarlos a todos, quedándose sólo con las doncellas vírgenes como botín.

Llegado el momento de entrar en la Tierra Prometida, Moisés nombró sucesor a Josué y, antes de dejar para siempre a su pueblo, el profeta les entregó su testamento, tres diálogos contenidos en el libro del Deuteronomio. En el primer discurso, se resumen las etapas de la travesía del desierto con la admonición de respetar la ley de Dios si no se quiere perder la Tierra ganada tras este arduo viaje, y en el segundo discurso tenemos un sentido recordatorio de la observancia de esta misma ley y de las sanciones que la acompañan. Después de bendecir a las tribus de Israel, Moisés ascendió desde las estepas de Moab hasta el monte Nebo y desde allí arriba pudo contemplar la Tierra Prometida, sin poder entrar en ella por falta de las aguas de Meribá.

En conclusión, la vida de Moisés, según la narración bíblica, puede dividirse exactamente en tres periodos de

40 años cada uno: los primeros 40 como egipcio, como hijo adoptivo de la hija del Faraón entonces gobernante. Cuando, para salvar y defender a un israelita, mató a un egipcio, huyó al desierto, pues la noticia pronto se hizo pública. Los 40 años siguientes los pasó con su suegro Jetro en la tierra de Madián como pastor, donde pudo meditar y aprender humildad para estar preparado para sacar a su pueblo de Egipto. Los últimos 40, los pasó vagando por el desierto hasta llegar a la tierra prometida, Canaán. Murió a la edad de 120 años.

Moses.

Apócrifos y leyendas posteriores

La corona del faraón

Según una antigua leyenda, recogida también por Josefo Flavio, cuando Moisés tenía sólo tres años, el Faraón cogió juguetonamente su corona y la colocó sobre la cabeza del niño. Éste la arrojó al suelo y la pisó, lo que disgustó al gobernante, que preguntó a sus ministros si este gesto merecía la pena capital.

El ángel Gabriel, en forma de uno de los sabios de la corte, les aconsejó que hicieran traer piedras preciosas y carbones calientes y luego dejaran que el niño eligiera qué tomar. Así podrían juzgar si había actuado a propósito. Guiado por el ángel, Moisés tomó el carbón y se lo llevó a la boca, hiriéndose los labios y la lengua.

Se especula que este episodio sólo pretende dar una explicación al defecto del habla que padecía Moisés.

La guerra contra Kush

Según la narración de Josefo Flavio, el faraón, al ver que Moisés se convertía en un joven fuerte y robusto, decidió confiarle una misión de guerra para poner a prueba su temperamento. Ordenó a su sobrino adoptivo que luchara al sur de Egipto contra el reino de Kush (nombre semita de la actual Etiopía).

La ciudad contraria se había fortificado de tal forma que resultaba inexpugnable: murallas muy altas en dos lados, un canal profundo con cocodrilos en el tercero, un foso lleno de serpientes en el cuarto. Moisés ordenó capturar y adiestrar algunos ibis, con cuya ayuda consiguió eliminar las serpientes y acercarse así desarmado a las murallas de la ciudad.

Los generales enemigos le vieron llegar con un símbolo de paz en la mano y, aunque asustados por un posible ataque, le dejaron entrar. Moisés negoció con ellos una rendición honorable y a todos los que garantizaban la paz y la alianza para el futuro se les permitió conservar sus puestos de mando, mientras que a los que fomentaban la guerra y la rebelión se les destituyó.

Grandes fueron las festividades, durante las cuales, para sancionar la alianza, Moisés tuvo que casarse con la hermana del rey, Tharbis. Esta última referencia sólo sirvió para justificar el descontento suscitado entre Aarón y Miriam por la presencia de la esposa etíope de Moisés.

Asunción al cielo

Según una leyenda relatada por Josefo Flavio, Moisés fue ascendido al cielo al final de su vida. Tras ascender al monte Nebo y abrazar a Eleazar y Josué, mientras hablaba con ellos una nube descendió repentinamente sobre él y desapareció. En el Pentateuco se dice que murió de muerte natural, para que no se pensara que había ascendido a Dios por su extraordinaria virtud.

Historicidad

La cuestión de la historicidad de Moisés y de los hechos narrados en el Éxodo ha sido ampliamente debatida en los círculos académicos. A los que han defendido la historicidad del personaje en el pasado se contraponen los que ahora ven a Moisés como una figura con tintes míticos o legendarios, sin dejar de tener en cuenta que "es posible que existiera una figura parecida a Moisés en algún lugar del sur de Transjordania en la segunda mitad del siglo XIII a.C." y que la arqueología no puede confirmarlo.

El egiptólogo Jan Assmann sostiene que no es posible saber si Moisés vivió alguna vez porque no hay rastros de él fuera de la tradición. Aunque los nombres de Moisés y otros personajes de las narraciones bíblicas son egipcios y el Libro del Éxodo contiene elementos genuinamente egipcios, ninguna fuente extrabíblica indica claramente a Moisés. No aparece ninguna referencia a Moisés en ninguna fuente egipcia anterior al siglo IV a.C., mucho después del periodo en el que se cree que vivió. Ninguna fuente egipcia contemporánea menciona a Moisés o los acontecimientos narrados en el Pentateuco, ni se ha descubierto ninguna prueba arqueológica en Egipto o en el desierto del Sinaí que apoye la historia en la que es la figura central.

David Adams Leeming considera a Moisés un héroe mítico y la figura central de la mitología judía. El historiador John van Seters cree que pudo existir un Moisés histórico, pero señala que "en el Pentateuco, la historia se convierte en memoria, que la engrandece y la transforma en mito", concluyendo que "la búsqueda del Moisés histórico es un empeño inútil: ahora sólo pertenece a la leyenda".

La historia del descubrimiento de Moisés por la hija del faraón se relaciona con un tema familiar de la mitología del Próximo Oriente, a saber, el del líder de origen humilde que asciende al poder. Por ejemplo, Sargón de Acad describe así sus orígenes:

Mi madre, la gran sacerdotisa, concibió; en secreto me llevó.

Me metió en una cesta de juncos y selló la tapa con betún.

Me arrojó al río que se elevaba sobre mí.

Algunos estudiosos, entre ellos Israel Finkelstein, aunque niegan la veracidad histórica del relato bíblico en cuestión, lo consideran la mitificación de un enfrentamiento perteneciente a una cronología inferior (a partir del siglo X a.C.) de la historia de Israel, como la invasión de Israel por el faraón Seshonq I tras la muerte del rey Salomón y el enfrentamiento entre el rey Josías y el faraón Necao II, por lo que creen que sus protagonistas no son más que el resultado de lo que podría denominarse *tradición piadosa.*

La mayoría de los eruditos, incluidos los cristianos, creen que los acontecimientos narrados en la Biblia sobre la presencia judía en Egipto no son históricos y, por tanto, no se mencionan en los documentos egipcios de la época; De hecho, incluso dos acontecimientos extraordinarios - como la huida de unos tres millones de esclavos y la aniquilación de todo el ejército egipcio, incluida su caballería- deberían haberse mencionado no sólo en los documentos egipcios, sino también en los de los gobernantes extranjeros, que habrían acogido con satisfacción tales noticias, dada la posibilidad de invadir una tierra fértil y rica como Egipto; Esto no ocurrió y, por el contrario, las fuentes históricas extrabíblicas atestiguan que, durante el reinado de Ramsés II y más tarde de su hijo y sucesor Merenptah, Egipto siguió teniendo un poderoso ejército y siendo una nación dominante.

El Moisés histórico según Sigmund Freud

Moisés y Atón

Según Sigmund Freud, la historia bíblica de Moisés pondría de relieve la fuerte influencia de la cultura monoteísta y la religión del antiguo dios egipcio Atón en la antigua cultura judía y su monoteísmo.

En primer lugar, según Freud, hay que señalar que en la antigua lengua egipcia, "Moisés" tenía el significado de "niño", "hijo", "descendiente", (véase, por ejemplo, J. Lehmann, *Moisés el Egipcio*). Además, el relato bíblico del nacimiento de Moisés, en consonancia con otras leyendas semíticas, se hace eco exactamente del relato del nacimiento del gran Sargón de Accad, que fue abandonado en las aguas y más tarde rescatado para convertirse en un gran rey.

He aquí lo que dice Freud sobre el origen del conocido credo del Antiguo Testamento: *El credo hebreo, como es bien sabido, reza "Shemà Israel Adonai Elohenu Adonai Ehad". Si la similitud del nombre del egipcio Atón con la palabra hebrea Adonai y el nombre divino siríaco Adonis no es accidental, sino que procede de una antigua unidad de lenguaje y significado, entonces la fórmula hebrea podría traducirse así: "Oye Israel nuestro Dios Atón (Adonai) es el único Dios".*

Además, también para Freud, hay que recordar el gran parecido del Salmo 104, que canta la gloria de Dios en la creación, con el *Himno al Sol* de Akenatón, el faraón que introdujo el culto monoteísta del dios Atón en el siglo XIV a.C.

La supuesta relación entre el culto de Atón y Moisés podría explicarse de dos maneras: mientras que hay que descartar que los judíos de Egipto siguieran tal culto, queda la educación que Moisés recibió en la corte del faraón Haremhab, bajo cuyo reinado pudo haber nacido Moisés. Coincidencias históricas no especificadas sugieren que tras la *hija del faraón* que adoptó a Moisés se ocultaba una noble iniciada en el culto de Atón, tal vez la reina Ankhesenamon, hija de Akenaton que tras diversas vicisitudes acabó como esposa de Haremhab. Aunque la hipótesis más segura es que Moisés era un cortesano de Akenatón, y por tanto era sin duda seguidor del culto a Atón; esta hipótesis se ve apoyada por la fecha de nacimiento de Moisés según la tradición el 7 de Adar de 2368 (correspondiente a los años comprendidos entre 1391-1386 a.C.) lo que le hace contemporáneo del faraón Akenatón que vivió en el siglo XIV a.C.

La teoría del *asesinato de Moisés*

Según el célebre padre del psicoanálisis, Moisés no fue en realidad un solo hombre que liberó a los israelitas y los condujo a la Tierra Prometida, sino dos personas distintas.

El *primer Moisés*, el que liberó a los hebreos de Egipto, era un egipcio, fanático de la religión monoteísta fundada por Akenaton, seguidor, por tanto, de Atón, el dios misericordioso, que decidió partir hacia una tierra donde su creencia no fuera perseguida, como ocurría en Egipto, llevándose consigo al pueblo semita y a algunos seguidores egipcios. Estos, durante la travesía por el desierto, mataron a su maestro, y así al primer Moisés.

El poder pasó entonces a manos de un *segundo Moisés*, un sacerdote madianita, fiel a una religión que adoraba a un Dios volcánico y sanguinario, que no dudó en pedir a sus acólitos que pasaran "a *filo de espada*" a todos los habitantes de la tierra de Canaán. Este madianita no era otro que Jetro, el suegro de Moisés, quien, durante su viaje por el desierto del Sinaí, visitó a su yerno y, tras conversar con él en la tienda (el lugar donde, según varios seguidores de la teoría de Freud, tuvo lugar el asesinato del primer Moisés) salió, solo, y asistió a un banquete en compañía de Aarón y los ancianos de Israel.

Moisés el Egipcio

Sigmund Freud, en su libro *Moisés y el monoteísmo,* destaca estos puntos:

1. Moisés predica en Egipto, como Akhenaton 50 o 100 años antes, una teología monoteísta;
2. Moisés tiene nombre egipcio;
3. Moisés tiene, según el relato bíblico, un nacimiento absolutamente legendario;
4. nombre del dios hebreo (Adonai), tiene la misma raíz que el dios solar (Atón) de Amenhotep IV;
5. el arca judía de la alianza guarda grandes similitudes con la "barca de los dioses" de los templos egipcios, rodeada de querubines con las alas extendidas.

Josefo Flavio compara la figura de Moisés con la de Hosarsef, un personaje semilegendario de la historia del antiguo Egipto, y afirma que se remite a los escritos del astrólogo e historiador egipcio antisemita Manetón (época ptolemaica, siglo IV o III a.C.) y a los contraargumentos del historiador judío griego Artapanus de Alejandría, que hablan de Moisés como una única personalidad que existió históricamente entre Israel y Egipto.

Según el historiador egipcio (de nuevo en la versión de Josefo Flavio), Hosarsef era un sumo sacerdote (quizá Primer Profeta) del clero de Osiris de la ciudad de Heliópolis que se granjeó un poderoso seguimiento entre los intocables (nombre que quizá indicaba leprosos) y fue exiliado, junto con sus seguidores, a la tierra de Canaán a raíz de un sueño profético del gobernante. En la tierra del exilio organizaría, en alianza con las poblaciones locales, una revuelta que le llevaría a conquistar el propio Egipto, exiliando a su vez al soberano y a su hijo Rapsaces, también conocido como Sethos, a Etiopía. Tras un reinado de trece años caracterizado por la opresión religiosa, Amenofis y su hijo expulsarían al usurpador y restaurarían el culto a los antiguos dioses.

Resulta difícil establecer un marco histórico correcto, ya que hubo hasta cuatro gobernantes, todos ellos pertenecientes a la XVIII dinastía egipcia, que llevaron el nombre de Amenhotep, la forma original del *griego* Amenofis. De los cuatro Amenhoteps, el que podría estar más estrechamente relacionado con el gobernante descrito por Manetón es Amenhotep III (1387 a.C.-1348 a.C.), padre de Akenatón.

Moisés en las tres religiones monoteístas

Tradición judía

La tradición judía, que tiene en Moisés a su máximo representante, tras haber recibido las tablas de la Ley en el monte Sinaí, ha creado en torno a esta figura una serie de leyendas y mitos que han amplificado su profundidad épica: niño prodigio, iluminó la habitación de sus padres cuando fue concebido, al año de edad ya era capaz de hablar y a los tres podía predecir el futuro. Se hizo egipcio, mantuvo las costumbres de los israelitas y se salvó milagrosamente de la muerte cuando, capturado por los soldados del Faraón, fue condenado a ser decapitado, pero su cuello ni siquiera recibió un rasguño de la espada del verdugo, que se hizo añicos. Convertido en líder de su pueblo, tuvo que luchar contra la codicia de los demás israelitas, que querían apoderarse a toda costa de los tesoros de los egipcios, y habiendo ascendido al monte Sinaí, se convirtió, bajo la enseñanza de los ángeles, en maestro de la Torá, a la que fueron comunicados los escritos sapienciales de la tradición judía: el Talmud, la Misná.

Entre los escritos de la tradición judía, cabe citar, además del *"Libro de los Jubileos"*, transcrito en la comunidad de los esenios, el apócrifo *"Ascensio Mosis"*, cuya primera parte, llamada propiamente *"Testamento de Moisés"*, comprende el discurso profético de despedida dirigido por Moisés a su sucesor Josué sobre el destino futuro de Israel y el fin de los tiempos. Se describe a grandes rasgos el periodo de los asmoneos: un poderoso rey de Occidente conquistará la tierra, pero Israel, con la ayuda de Dios, vencerá a Roma; entonces llegará el día final. El texto, escrito entre el siglo I a.C. y el I d.C., también es mencionado por los Padres de la Iglesia. La segunda parte, no conservada, "la *Ascensión", se menciona* en la carta de Judas del Nuevo Testamento, en los versículos en los que se narra el episodio en el que el arcángel Miguel lucha con Satanás para apoderarse del cuerpo de Moisés.

En *De Vita Mosis* de Filón de Alejandría, Moisés aparece como un erudito de la época helenística. Supera en conocimientos a sus maestros egipcios y griegos y, como sabio guiado por la razón, aúna en sí mismo las cualidades de filósofo y profeta con las de rey. Según Filón, también se remontan a él la doctrina de Platón sobre la creación y la enseñanza de Heráclito sobre los contrarios.

El historiógrafo judío Josefo Flavio escribe una biografía de Moisés con admirables muestras de su misión en su juventud, que termina con su ascenso a virrey egipcio. En su escrito *Contra Apionem*, Moisés es para Josefo Flavio el legislador más antiguo y las leyes de los griegos también hacen referencia a él. Por otra parte, según Aristóbulo de Alejandría, fue de la mano de Moisés que Homero y Hesíodo recibieron los temas para sus poemas épicos y dramas.

Tradición cristiana

El cristianismo, nacido en el contexto judío y teniendo en común con los judíos el Antiguo Testamento, ve en Moisés las mismas características de patriarca, legislador y líder del pueblo judío que en la tradición judía.El Nuevo Testamento ve a Moisés sobre todo como un profeta, que predijo la venida de Jesús como Mesías, razón por la cual, junto con Elías, asiste a la transfiguración de Jesús

Aparte de ser un testigo inaudito de la fe, como lo describe Esteban en su extensa apología, Moisés también es ensalzado en la carta a los Hebreos, como ejemplo de fe, como siervo de Dios no superior a Jesús que, según el cristianismo, es Dios mismo encarnado.

Para el Nuevo Testamento, Moisés es el legislador a través del cual habló Dios y, por tanto, el fundador del orden salvífico del Antiguo Testamento. Se contrapone tipológicamente a Jesús como fundador del nuevo orden de salvación; en Moisés y Jesús se contraponen, por un lado, la ley antigua y, por otro, el evangelio, entendido éste como la perfección y no la demolición de la propia ley.

En la época posterior Moisés, también por influencia de las tradiciones judías, es considerado un modelo de vida perfecta, de constante ascensión del alma hacia Dios, hasta el punto de que la tradición cristiana ha reelaborado la vida y figura del profeta bíblico en clave cristológica, encontrando varias concordancias entre su biografía y la de Jesucristo

Raymond Brown también cree que la narración del nacimiento de Jesús siguió el modelo de la de Moisés, derivada a su vez de tradiciones anteriores de otros pueblos. El erudito -con respecto a la narración bíblica sobre el nacimiento de Moisés, utilizada por Mateo para la Natividad de Jesús- señala una serie de paralelismos: Herodes intenta matar a Jesús y éste es obligado a huir a otro país, el Faraón intenta matar a Moisés y éste huye a otro país; Herodes ordena la matanza de los inocentes (niños varones), el Faraón la de los primogénitos varones hebreos; Herodes y el Faraón mueren mientras Jesús y Moisés están en el exilio; un ángel del Señor advierte a la familia de Jesús de que pueden volver a su tierra, y lo mismo hace el Señor con Moisés (en ambos casos Brown subraya el uso de la misma expresión para justificar el regreso a Israel (o a Egipto): ""*porque los que atentaban contra la vida del niño* (o: '*tu vida*') *han muerto*""); José toma mujer e hijo y vuelve a Israel, Moisés toma mujer e hijo y vuelve a Egipto. Brown señala que otras fuentes sobre la vida de Moisés -como Flavio Josefo y diversos midrash judíos- también "acentúan los ya conocidos paralelismos bíblicos entre las infancias de Moisés y Jesús". El historiador John Dominic Crossan, uno de los cofundadores del Seminario sobre Jesús, llega a la misma conclusión, señalando que, en comparación con el relato lucano, Mateo "en lugar de imaginar parejas estériles y concepciones milagrosas, se centra en la infancia de Moisés", creando los paralelismos pertinentes. El teólogo Rudolf Bultmann también cree que hay tradiciones más antiguas y comunes detrás de las narraciones de la matanza de los inocentes ordenada por Herodes tras el nacimiento de Jesús y la de la matanza de los primogénitos hebreos en la historia de Moisés.

Es venerado como santo por la Iglesia Católica, que lo recuerda el 4 de septiembre.

Tradición islámica

Según el Qur'ān, Moisés (*Mūsā*) fue un gran hombre, uno de los principales profetas anteriores a Mahoma y el profeta mencionado con más frecuencia en el Qur'ān. Fue salvado siendo aún un niño de una persecución del faraón (*Firawūn*), que temía el nacimiento de un usurpador, y adoptado por la esposa del propio gobernante (Āsija), quien luego confió al infante, por inspiración divina, a su madre natural para que lo amamantara.

Al crecer, un día se encontró enfrentado a dos hombres, uno egipcio y otro perteneciente a los Bani Israil. Cabe señalar que en aquella época los Bani Israil estaban siendo torturados y esclavizados por el faraón, por lo que Mūsā mató al egipcio y pidió perdón a Alá, que se lo concedió. Huyó a Madián y se casó con la hija (¿llamada Zippora?) del hombre que le había acogido en su tienda, que algunos estudiosos creen que era el mensajero o profeta Shu'Ayb AS, que pudo haber estado allí en aquel momento. Partió después de completar las tareas que se le habían encomendado y, pasando con su gente del Sinaí, fue en busca de una brasa de fuego y llegó cerca del valle sagrado Tuwa. Allí le llegó la voz de Alá, que le ordenó que se quitara los zapatos, ya que se encontraba en el valle sagrado, y le dijo que arrojara el bastón que sostenía en la mano derecha. Éste se convirtió en una gran serpiente, pero al retirarlo se convirtió en un bastón como era originalmente. Entonces, Alá le dijo que se pusiera la mano bajo la axila y se convirtió en una luz brillante como la luna, y repitiendo el proceso, la mano volvió a la normalidad.Por esta razón, muchas veces los musulmanes se refieren a Mūsā como 'Musa Kalimullah', es decir, aquel a quien Alá habló directamente.

Fue a presencia del Faraón y le habló muy modestamente para que liberara a Bani Israil de la opresión constante. Pero éste no quiso oír nada. Mūsā y su hermano Harun se presentaron ante él como los Mensajeros de Alá, y el faraón, herido en el alma, le retó a un duelo contra sus magos el día de la fiesta de Egipto. Mūsā arrojó su bastón ante los pies del soberano y, por la sola voluntad de Alá, se convirtió en una gran serpiente que nadie había visto jamás, pero también los magos egipcios, haciendo creer que habían dado vida a unas cuerdas que, sin embargo, muy pronto fueron devoradas por la serpiente de Mūsā. Los encantadores, asombrados por el prodigio, se convirtieron a la religión de Israel, y fueron muertos por ello por el faraón. Durante la noche, Mūsā y Harun, siguiendo órdenes de Alá, abandonaron Egipto junto con su pueblo, cruzando el mar y acercándose después al ejército egipcio que se había precipitado tras ellos. El faraón se dio cuenta entonces de que el castigo de Alá, del que Mūsā le había advertido hacía tiempo, había comenzado y caería sobre él y sus cómplices si no se arrepentía de sus actos y pedía perdón a Alá; el faraón se arrepintió, pero ya era demasiado tarde. Murió como un incrédulo (kafir), junto con sus cómplices.

Habiendo ascendido al Sinaí, Mūsā dejó el mando a Aarón (*Hārūn ibn Imrān*), quien fue dominado por la gente, en particular por Samirī, que construyó y adoró un becerro de oro, y por ello fue ahuyentado por Mūsā y condenado a decir: 'No me toques', por el resto de su vida. Habiendo partido de nuevo hacia el desierto, los israelitas se quejaron al profeta de la ausencia de agua y alimentos, y él rezó a Alá, que hizo llover maná del cielo y brotar doce manantiales de una roca. En ese momento nacieron las tribus de Israel. Habiéndose acercado a la Tierra Prometida, a causa de su rebelión, los israelitas fueron castigados con cuarenta años de exilio en el desierto.

Moisés en el arte

Los cuernos de Moisés

Famoso es el controvertido debate surgido en torno a los cuernos colocados en la cabeza de Moisés en diversas obras de arte, como la escultura homónima de Miguel Ángel.

Este rasgo iconológico se deriva del pasaje de Ex34:29, que en el texto original hebreo (texto masorético) relata que, tras recibir de Dios las tablas con los Diez Mandamientos, Moisés no se dio cuenta de que su piel "brillaba" (verbo hebreo *qrn*). En el hebreo escrito no se insertan vocales, de modo que un mismo término puede adquirir distintos significados según las vocales que el lector haya decidido insertar o el sentido que haya decidido interpretar. En este caso, la raíz triliteral puede denotar tanto el término QARAN (también Karan), que significa resplandor en el sentido de 'irradiación' luminosa, como el término QEREN (Keren), que significa 'cuernos' en el sentido del aparato óseo del animal. La interpretación dada por los masoretas, que es la preferida por la comunidad religiosa canónica, es que el autor quería indicar precisamente que el rostro de Moisés era luminoso, irradiaba luz.

Cuando San Jerónimo tradujo el texto hebreo al latín en la Vulgata, la versión oficial de la Biblia durante siglos en la Iglesia latina, adoptó esta lección, traduciendo "ignorabat quod cornuta esset facies sua", es decir, "ignoraba que su rostro tenía cuernos". Esto ha servido de inspiración a varios artistas durante siglos, entre ellos el ya mencionado Miguel Ángel Buonarroti.

Con la difusión del estudio de las lenguas originales de la Biblia, la interpretación dada por los masoretas fue imponiéndose poco a poco. Sin embargo, muchos pintores siguieron prefiriendo la iconografía tradicional del Moisés "cornudo". En algunos casos, el rostro de Moisés se representaba con dos haces de luz, similares a cuernos, que partían de la parte superior de su cabeza, una elección que conecta las dos interpretaciones al mismo tiempo.

Pinturas

- (1475) *La zarza ardiente*, de Nicolas Froment
- (1482) *Pruebas de Moisés*, de Sandro Botticelli
- (1482) *Testamento y muerte de Moisés*, de Luca Signorelli
- (1502-1505) Juicio a Moisés, de Giorgione
- (1510) *Travesía del Mar Rojo*, de Bernardino Luini
- (1510-1512) Transfiguración, de Lorenzo Lotto
- (1523) *Moisés y las hijas de Jetro*, de Rosso Fiorentino

- (1525) *Agua de la roca*, de Lucas de Leiden
- (1537) El *castigo del fuego celestial*, de Domenico Beccafumi
- (1540) La *travesía del Mar Rojo*, de Lucas Cranach
- (1540-45) *Moisés salvado de las aguas*, por Bonifacio de Pitati
- (1540-45) *Travesía del Mar Rojo*, de Agnolo Bronzino
- (1575) *Buscando a Moisés*, de Paolo Veronese
- (1577) *El Maná*, de Tintoretto
- (1577) *Moisés saca agua de la roca*, de Tintoretto
- (1609-10) *Moisés defiende a las hijas de Jetro*, por Carlo Saraceni
- (1615) *El Maná*, de Guido Reni
- (1615) *Agua de la roca*, de Paolo Guidotti
- (1620) *La serpiente de bronce*, de Anton Van Dyck
- (1621) *El regreso de los exploradores*, por Giovanni Lanfranco
- (1623) *La zarza ardiente*, de Matteo Rosselli
- (1628-30) *Sacrificio de Moisés*, de Massimo Stanzione
- (1630) *Moisés rescatado de las aguas*, por Orazio Gentileschi
- (1635) *El Becerro de Oro*, de Nicolas Poussin
- (1650) *Moisés con las Tablas de la Ley*, de Philippe de Champaigne

- (1654) *Moisés confiado a las aguas*, de Nicolas Poussin
- (1659) *Moisés rompe las Tablas de la Ley*, de Rembrandt
- (post 1808) *Moisés con las tablas de la ley*, por Giuseppe Diotti
- (1904) *El hallazgo de Moisés*, de Lawrence Alma-Tadema
- (1950-1952) *Moisés recibe las Tablas de la Ley*, de Marc Chagall

Esculturas

- (1515) *Moisés*, de Miguel Ángel Buonarroti

Literatura

- Sigmund Freud, *El hombre Moisés y la religión monoteísta (Der Mann Moses und die monotheistische Religion)* 1937-39, 3 ensayos. En la famosa obra, el padre del psicoanálisis sostiene que Moisés, egipcio de nacimiento, se había adherido a la fe monoteísta durante el reinado de Akenatón (siglo XIV a.C.). Cuando ésta fue abolida con la muerte del soberano y se restableció el politeísmo egipcio tradicional, Moisés "convirtió" a los judíos asentados en territorio egipcio y los condujo hacia Palestina, la tierra prometida del dios Atón-Adonai.
- Thomas Mann, *La Ley* (título original alemán *Das Gesetz*), 1944. Moisés es el hijo bastardo de la hija

del faraón y de un siervo judío. Se siente llamado por Dios a liberar a su pueblo enfrentándose al faraón Ramessu. Las nueve primeras plagas son acontecimientos naturales, mientras que la última, la matanza de los primogénitos egipcios, es llevada a cabo por los hebreos. Huyen en 12-13.000 a través de los Lagos Amargos, parcialmente desecados por un fuerte viento.

- Christian Jacq, *Ramsés* (1995-1997), 5 novelas. Entrelazada con la vida del faraón Ramsés está la historia del Éxodo. Moisés, un judío amigo de Ramsés, integrado en la sociedad egipcia, acepta el monoteísmo de Ajenatón, ahora erradicado de Egipto. Convertido en un visionario fanático, incita a los judíos, trabajadores pero no esclavos, contra el faraón y los egipcios. Pone en práctica y ordena una serie de trucos y engaños para generar las plagas, expulsando finalmente a los hebreos de Egipto a regañadientes.

Música

Moisés aparece en la ópera Moisés en Egipto de Gioachino Rossini de 1818 y en su remake francesa Moïse et Pharaon, ou Le Passage de la mer Rouge de 1827, así como en la ópera *Moses und Aron* compuesta por Arnold Schoenberg entre 1930 y 1932. También protagoniza numerosos oratorios, entre ellos los de Giovanni Paolo Colonna, Vincenzo de Grandis, Adolf Bernhard Marx, Max Bruch, Lorenzo Perosi y Marco Frisina.

Otros libros de United Library

https://campsite.bio/unitedlibrary

Milton Keynes UK
Ingram Content Group UK Ltd.
UKHW020701290424
441924UK00017B/989